Roy Publicae

Angriffs-Krieg

Roy Publicae

Angriffs-Krieg

Massen-Einwanderung

Dictus Publishing

Imprint

Cover image: www.ingimage.com

Publisher:
Dictus Publishing
is a trademark of
International Book Market Service Ltd., member of OmniScriptum Publishing Group
17 Meldrum Street, Beau Bassin 71504, Mauritius
Printed at: see last page
ISBN: 978-613-7-35158-1

Inhaltsverzeichnis:

I. Einstieg:

>>Der Krieg hat begonnen.

Nein, das ist nicht ganz richtig, der Krieg gegen Deutschland wurde niemals beendet.

Wir erleben derzeit eine neue Art der Kriegsführung:

Ausländer werden als Waffe gegen Europa und insbesondere gegen Deutschland eingesetzt oder besser mißbraucht.

Zu Millionen.

Ein gigantisches Heer Migranten strömt unaufhaltsam gen Europa, der Aufmarsch der Okkupanten kommt nur vorübergehend durch Staus an Europas Grenzen zum Stocken.

Und der generalstabsmäßig geplante Dschihad der Invasoren gegen das deutsche Volk hat noch gar nicht richtig begonnen...

In der Publikation "Strategic Engineered Migration as a Weapon of War" von Kelly Greenhill wird erörtert, wie Masseneinwanderung als Waffe verwendet werden kann und welche verheerende Auswirkung sie in den Zielländern hat.

Diese Studie muß den Europäern völlig unbekannt sein, denn sonst würden sie diese Einwanderungsströme nicht als Bereicherung empfinden.

Wobei diese Bereicherung durch “Fachkräfte” nur durch die Lügenmedien suggeriert wird.

Der sogenannte Fachkräftemangel ist ebenso eine Lüge,

siehe: Quelle: Fußnote1

Die Zahl der arbeitslosen Akademiker2 in Deutschland erhöhte sich 2013 im Jahresdurchschnitt im Vergleich zum Vorjahr um 21.400 auf 191.100 Menschen.

Normalerweise könnte diese Invasion mit Leichtigkeit abgeschlagen werden wenn, ja wenn Deutschland ein souveräner Staat wäre mit einer Regierung FÜR das Volk.

1 http://www.taz.de/!5020975/

2 http://www.zeit.de/2013/48/promotion-karriere-gehalt

Aber:

Die Bundesrepublik Deutschland - BRD - ist eine Firma, welche als der verlängerte Arm der Besatzungsmächte fungiert.

(Kanzlerakte)

Daher erklärt sich auch, daß nahezu jede politische Entscheidung klar zum Nachteil Deutschlands und der Deutschen ist.<<-[1]

[1] Vgl. https://traugott-ickeroth.com/wp-content/uploads/2016/11/Angriff-auf-Deutschland.pdf

II. Intention:

>>Die Vernichtung Deutschlands - die Zersetzung und Aushöhlung der Souveränität der Nationalstaaten schlechthin - ist seit langem oberstes Ziel der Illuminati.

Die Gründe hierfür werden später aufgeführt.

Zunächst zu den verschiedenen Vorschlägen, Deutschland zu vernichten:

Hooton-Plan:

Hooton plädierte bereits 1940 für die Dezimierung und Versklavung der Deutschen und eine massenhafte Ansiedlung von Ausländern.

Kaufman-Plan:

Kaufman empfahl in einem Exposé 1941 die Sterilisation aller Deutschen:

"Germany must perish!" –

"Deutschland muß verschwinden!"

Und die Ersetzung durch fremdländische Völker.

Morgenthau-Plan:

Morgenthau beabsichtigte 1944, Deutschland in einen reinen Agrarstaat umzuwandeln.

"Germany is our Problem!"

Nizer-Plan:

"Deutschland muß vernichtet werden!" (1944)

Abschaffung der Deutschen Staatshoheit und “Reeducation” (Zurückbildung)

Ben-Eliyahu-Plan:

Eliyahu 2015:

„Zwanzig, dreißig Atombomben auf Berlin, München, Nürnberg, Köln, Frankfurt, Stuttgart, Dresden, Dortmund und so weiter stellen die Vernichtung sicher.

Und das Land wird danach für Tausend Jahre ruhig sein".

Diese Veröffentlichung in der "Israel National News" blieb von Regierungsstellen unwidersprochen.

(Man stelle sich den Aufschrei vor, Deutsche würden die atomare Vernichtung Israels fordern...)

Alle fünf Pläne gründen auf der Überzeugung der "Auserwählten", welche man in einem Satz zusammenfassen kann:

„Unsere jüdischen Interessen erfordern die endgültige Vernichtung Deutschlands."

W. Jabotinski, Begründer von „Irgun Zwai Leumi", Jan. 1934

(vgl. Udo Walendy, „Historische Tatsachen", a.a.O., Heft 15, S. 40)

"Deutschland muß den Juden überlassen werden [um] die Deutschen unter den anderen Völkern dieser Erde aufzuteilen."

Lionel de Rothschild am 22.10.1939;

John Colville: "Downing Street Tagebücher 1939 -1945",

Siedler Verlag, Berlin 1988, S. 31

Wie wir sehen, ist der Nizer-Plan bereits vollendet und der Hooton-Plan in vollem Gange.<<[2]

[2] Vgl. https://traugott-ickeroth.com/wp-content/uploads/2016/11/Angriff-auf-Deutschland.pdf

III. Realisierung:

>>Die Schleusen sind geöffnet und was da alles nach Deutschland hereinströmt, bedarf einer besonderen Betrachtung.

Zunächst zu den "syrischen" Flüchtlingen:

Wie aus einer öffentlichen Rede einer Syrerin in Belgrad zu entnehmen war, sind die wenigsten Flüchtlinge tatsächlich Syrer.

Die syrischen Männer kämpfen fast ausnahmslos - so sie noch nicht gefallen sind - an der Front gegen die IS oder ISIS ("Islamic Soldiers for Israel State" offiziell „Islamischer Staat im Irak & Syrien“), die Al Nusra und "Militärberater" der VSA sowie englische Söldner, während die Frauen und Kinder aus den zerbombten Gebieten in riesigen Zeltlagern in Jordanien oder in der Türkei sind.

Eben weil Assad eine sehr große Unterstützung in der Bevölkerung hat, ist Syrien noch nicht gefallen.

Merkwürdig auch:

Der Krieg gegen das syrische Volk begann bereits 2011.

Wieso aber strömen erst jetzt die Menschenmassen?

Angeblich kommen vor allem Syrer nach Europa.

Aber:

Gefälschte syrische Papiere sind leicht und günstig für jeden Afrikaner und Araber zu haben: 3

Sie werden ausgehändigt mit Flucht - oder besser Invasionsrouten, bereitgestellt von George Soros' Migranten-Handbuch "Wie komme ich am besten nach Europa?": 4

Soros befiehlt:

"Als Erstes hat die EU für die absehbare Zukunft eine Million Asylsucher pro Jahr zu akzeptieren."

Quelle:5

Interessant, daß Soros die Macht hat, 500 Millionen Europäer zu kommandieren.

Und ich dachte, das würden wir demokratisch entscheiden...

Übrigens:

Beim Bundesamt für Migration gehen Ausweise der Asylanten in größerem Umfang verloren.

Das ist sehr bedauerlich, denn dann kann man sie nicht mehr abschieben.

Quelle:6

Merkwürdig...

Auch die Justiz arbeitet am Untergang:

Der Aufruf zum Dschihad - “(un)heiliger Krieg” - ist nicht mehr strafbar!

Quelle:7

Und hier kommt Sure 9, Absatz 5 zum tragen:

Tötet die Kuffar! (Ungläubigen):

Quelle:8

“Und wenn die heiligen Monate abgelaufen sind, dann tötet die Heiden, wo ihr sie findet, greift sie, umzingelt sie und lauert ihnen überall auf.”

Die Kriege in Libyen und im Kosovo sind zu Ende, im Irak und in Afghanistan sind sie abgeflaut, dennoch schwellt der gigantische Strom von Asylforderer unaufhaltsam an.

Die Invasoren kommen aus 60 oder 70 Ländern, selbst Kubaner und Vietnamesen machen sich auf den Weg ins gelobte Land, ja halb Afrika macht sich zur Reise bereit.

Hier wird ein konzertierter Plan zur Vernichtung Deutschlands offenbar.

Dieser Angriff mit der Migrantenwaffe kommt von außen, aber die Tore wurden von innen geöffnet.

Die Schleusen sollen auch nicht geschlossen werden, denn "Wir schaffen das" - obwohl sich auf breiter Front Widerstand erhebt - massiv.

Was schaffen wir, Frau Kasner?

Die Vernichtung Deutschlands?

Weder müssen und können wir es, noch wollen wir es "schaffen"!

Der Österreichische Geheimdienst hat festgestellt, daß die Schleuser mit Geldern

3 http://www.tagesspiegel.de/politik/fluechtlinge-der-handel-mit-syrischen-paessen-blueht/12290592.html

4 http://news.sky.com/%E2%80%A6/sky-finds-handbook-for-eu-bound-migra%E2%80%A6

5 http://www.socialeurope.eu/2015/09/rebuilding-the-asylum-system/

6 http://m.welt.de/politik/deutschland/article148073299/Beim-Bundesamt-verschwinden-dieFluechtlingsausweise.html

7 http://www.welt.de/politik/deutschland/article897355/Aufruf-zum-Dschihad-ist-nicht-mehr-strafbar.html

8 http://www.verkackeiert.com/interessantes/auszuge-aus-dem-angeblich-friedlichen-koran/

aus den VSA bezahlt werden.

Quelle:9

Hier findet die Vermutung Bestätigung:

Die Invasion wurde künstlich geschaffen.<<[3]

[3] Vgl. https://traugott-ickeroth.com/wp-content/uploads/2016/11/Angriff-auf-Deutschland.pdf

IV. **Begründung:**

>>Warum geht es abermals gegen Deutschland?

Es geht weniger um einen Angriff auf die Deutsche Wirtschaft, es geht vielmehr um die Vernichtung kultureller Identität, der ethnischen Substanz durch Vermischung.

Denn entwurzelte, ihrer Kultur entfremdete Menschen (auf beiden Seiten) sind wesentlich einfacher zu manipulieren und ohne großen Widerstand in eine Neue Weltordnung zu zwingen.

Das ist das Ziel der faschistoiden Psychopathen, welche die NWO gnadenlos vorantreiben[.]

Daher wandelte man ja Nationalstaaten in Firmen um.

Jeder kulturelle, soziologische ethnische und historischer Anker soll ausgehebelt werden.<< [4]

[4] Vgl. https://traugott-ickeroth.com/wp-content/uploads/2016/11/Angriff-auf-Deutschland.pdf

V. Notstand:

>>Ein Bürgerkrieg wird regelrecht provoziert.

In der Übergangsphase kann der Notstand ausgerufen werden, ein Polizeistaat mit militärischer Unterstützung soll die aufbegehrenden Massen in Schach halten.

Dazu dient EUGENDFOR, eine kaum bekannte europäische Polizeitruppe mit umfangreichen Rechten ausgestattet.

Sie kann wahlweise von der EU, UN oder der NATO losgelassen werden.

Soldaten fremder Nationen haben weniger Hemmungen, die einheimische Bevölkerung zusammenzuschießen.

Das ein Bürgerkrieg geplant ist, liegt auf der Hand, denn die Flut schwillt und schwillt ständig weiter an - 2015 bekommt allein Deutschland nach neuesten offiziellen Schätzungen 1,5 Millionen "kulturelle Bereicherer" – (die tatsächliche Zahl wird verschwiegen) obwohl offensichtlich die überwiegende Mehrheit der Deutschen – das „dunkeldeutsche Pack“ - eine weitere Überfremdung und Vernichtung von Steuergeld - geschätzte 45 Milliarden für dieses Jahr - ablehnt.

Von der Belastung der Sozialversicherung ganz abgesehen, denn nicht nur die Migranten erhalten medizinische Versorgung, auch die heimischen Großfamilien sind über die Deutschen Kassen seit 1964 rundum abgesichert, obwohl sie nie einen Cent eingezahlt haben und niemals in Deutschland gewesen sind.

Daher erklärt es sich, daß hier die Beiträge steigen, während die Leistungen gekürzt werden...

Quelle:10

Wie hoch die Dunkelziffer der hier einsickernden Invasoren ist, bleibt unklar.

Viele werden noch nicht einmal registriert, was dem Dublin-III-Abkommen klar widerspricht.

(Registrierung und Unterbringung im “Erstaufnahmeland”)

Und das ist so gewollt.

Zudem darf die Bundespolizei nicht weiter von der “Bundesregierung” daran gehindert werden, Ausländer, die ohne Aufenthaltstitel nach Deutschland einreisen wollen, zurückzuweisen.

Die Bundespolizei ist hierzu nach dem Aufenthaltsrecht verpflichtet; gegenteilige Weisungen der „Bundesregierung“ sind klar rechtswidrig und somit nichtig.

Also auch hier, abermals ein weiterer klarer Rechtsbruch.

Just von jenen, welche uns unter Androhung von exekutiver Gewalt auffordern, “Recht und Gesetz” einzuhalten.

Am Rande:

Flüchtlinge sind de Jure ab dem Moment keine Flüchtlinge mehr, sobald sie das erste sichere Land betreten haben.

Chaos wird bewußt erzeugt, weil dies ein Zustand ist, in dem die Masse am leichtesten zu manipulieren ist.

Weiterhin verstößt die Masseneinwanderung gegen UN-Resolution 677

(Verbot der Veränderung der demographischen Zusammensetzung der Bevölkerung am Beispiel Kuwaits)

9 http://www.epochtimes.de/politik/welt/usa-bezahlt-schlepper-das-sagt-oesterreichs-geheimdienst-ueberfluechtlinge-a1259590.html

10 https://www.youtube.com/watch?v=-Qjrjjfl9Jo

Über 90% der Einwanderer sind Männer.

Wieso bitte sind diese, wenn doch in ihren Ländern Krieg herrscht, nicht an der Front, um ihr Land zu verteidigen?

Warum lassen sie ihre Frauen und Kinder im Stich?

Warum bauen sie ihr Land nicht wieder auf, so wie es die Deutschen nach 1945 getan haben, was angesichts von Horden von "Facharbeitern" kein Problem sein dürfte.

Wenn wehrfähige Männer aus einem Kriegsgebiet in andere Länder reisen, nennt man sie normalerweise Deserteure.

Macht nichts, denn ein erstes Kontingent von Bundeswehrsoldaten soll laut Beschluß des Bundestages in Übergehung eines fehlen UN-Mandats und gegen den Willen der syrischen Regierung in Syrien kämpfen, während die echten und vermeintlichen Migrantensyrer hier eine ruhige Kugel schieben.

Jeder betroffene Soldat sollte sich daher überlegen, ob er gegen Völkerrecht und Gewissen sein Leben oder seine Gesundheit riskiert.

Wer findet die Frau?

Und weiter:

Schlepper verlangen für die Einschleusung nach Europa zwischen 7.000 und 15.000 Euro.

Woher bitte haben so viele Afrikaner und Araber soviel Geld?

Wenn es weiter wahr ist, daß Dschihadisten der IS und verwandter Terrororganisationen sowie Sabotageagenten hier einsickern,11 und 12 bzw. je nach Schätzung zwischen 4.000 und 200.000 IS-Terroristen bereits in Europa sind und bekannt ist, daß diese in Bundeswehrkasernen untergebracht werden, welche "zufälliger Weise" in unmittelbarer Nähe zu den Waffendepots liegen, dann wird die Vermutung zur Gewissheit, bestimmte Kräfte wollen bewußt und absichtlich einen Bürgerkrieg anstiften!

Angeblich wurden Waffenlieferungen an entsprechende Kreise bereits sichergestellt.

So stellte die griechische Küstenwache auf einem Schiff bei Kreta einen mit Karabinern gefüllten Container aus der Türkei mit Bestimmungsziel Libyen sicher.

Da viele Migranten in Libyen eingeschifft werden wurde vermutet, diese Waffen sollten nach Europa weiter geschmuggelt werden.

11 http://www.welt.de/politik/ausland/article143186475/Das-naechste-grosse-Schlachtfeld-ist-Europa.html

12 http://www.info-direkt.eu/sicherheitsexperte-bestaetigt-info-direkt-bericht-terroristen-sind-als-fluechtlingenach-europa-eingesickert/

Der letzte Beweis, daß diese Waffen für Einwanderer seien, wurde aber bisher noch nicht erbracht.

Ebenso nicht auszuschließen, daß die Waffenlager von GLADIO für die eingeschleusten IS-Terroristen geöffnet werden, untersteht doch GLADIO der NATO, welche durch die VSA befehligt wird.

Die Lage ist jetzt schon, diplomatisch ausgedrückt, brenzlig.

Jeder, der diese Intention unterstützt, wie die Geschäftsführung der Firma BRD, die Asyllobby, W2EU (Welcome to Europe), die Flüchtlingshilfe, die Schleuser, die NGO-open-society-foundation von Soros etc. macht sich strafbar wegen Anstiftung zum Bürgerkrieg bzw. [m]acht sich die “Regierung” des Hochverrats schuldig.

Die Industrie freut sich natürlich, denn hierdurch werden die Löhne noch weiter gedrückt und Deutsche zunehmend arbeitslos.

Die Verteilungskämpfe nehmen zu.

Das Deutsche Volk ist gutmütig bis naiv.

So sagte Napoleon:

„Es gibt kein gutmütigeres, aber auch kein leichtgläubigeres Volk als das deutsche.

Keine Lüge kann grob genug ersonnen werden, die Deutschen glauben sie.

Um eine Parole, die man ihnen gab, verfolgen sie ihre Landsleute mit größerer Erbitterung als ihre wirklichen Feinde.“

Diese Naivität und Unwissenheit - ein Trojanisches Pferd als solches zu erkennen - welche sich in der Deutschen "Willkommenskultur" widerspiegelt, ist ein weiteres großes Problem, welches in der Literatur bereits behandelt wurde: "Biedermann und die Brandstifter".

Um hier Mißverständnissen vorzubeugen:

Ich kenne weit und breit keinen Deutschen, welcher es einer tatsächlich an Leib und Leben bedrohten syrischen Familie verweigern würde, hier zeitweise eine sichere Zufluchtsstätte zu finden, zumal die unmittelbaren Nachbarstaaten wie Israel oder etwas entfernter, Saudi Arabien, Kuweit oder Katar keinen Flüchtling aufnehmen.

Keinen einzigen.

13<<[5]

[5] Vgl. https://traugott-ickeroth.com/wp-content/uploads/2016/11/Angriff-auf-Deutschland.pdf

VI. <u>Blutlinien:</u>

>>Es ist hier höchst interessant und wichtig festzuhalten, die Juden halten, wie die Blutlinien der Illuminati, ihre Genetik rein.

Diese Reinhaltung hat bei genau jenen Gruppierungen, welche uns eine Vermischung aufzwingen wollen, oberste Priorität!

Ein merkwürdiger Sachverhalt, welcher an anderer Stelle zu beleuchten wäre.

Es ist letztlich ein Rassenkrieg, bei dem die zu vernichtende Rasse bereitwillig ihren eigenen Untergang unterstützt.

Die reichen Saudis haben auf 20 Quadratkilometern 100.000 vollklimatisierte Luxus-Zelte aufgestellt.

Aber nicht für Flüchtlinge, sondern für die Pilger bei Mekka.

13 http://www.faz.net/aktuell/politik/fluechtlingskrise/die-golfstaaten-schotten-sich-gegenueber-fluechtlingen-ab13789932.html

Diese Millionenmetropole wurde im Oktober 2015 fertiggestellt.

Zeltlager „Mina":

Platz für drei Millionen Flüchtling, aber diese sind ausdrücklich NICHT willkommen...

Die Menschenströme werden absichtlich, gezielt und gut organisiert nach Europa und insbesondere Deutschland geleitet.

Die Ursache dazu findet sich bei Coudenhove-Kalergi und Thomas P. M. Barnett.

Coudenhove-Kalergi, Freimaurer und Gründer der Pan-Europa-Union als Schöpfer des Europagedankens in seiner modernen Form:

"Der Mensch der fernen Zukunft wird Mischling sein...

Praktischer Idealismus, S. 23

In seinen Schriften sah er die Zukunft für Europa in einer "eurasisch-negroiden Zukunftsrasse" unter Führung einer (jüdischen) "geistigen Adelsrasse".

Barnett, skrupelloser Militärstratege, will die Globalisierung mittels Rassenvermischung und religiöser Gleichschaltung vorantreiben:

"Endziel ist die Gleichschaltung aller Länder der Erde, sie soll durch die Vermischung der Rassen herbeigeführt werden, mit dem Ziel einer hellbraunen Rasse in Europa."

Hierfür sollen in Europa jährlich 1,5 Millionen Einwanderer aus der dritten Welt aufgenommen werden.

"Das Ergebnis ist eine Bevölkerung mit einem durchschnittlichen IQ von 90, zu dumm zu begreifen, aber intelligent genug, um zu arbeiten.

...

Ziel ist die Vernichtung aller Gegner, die sich der Globalisierung widersetzen...

Wenn nötig, werden wir einen neuen 11. September inszenieren!“

Jene, die Widerstand gegen die Globalisierung leisten, will er ermorden lassen:

"So yes, I do account for nonrational actors in my world[v]iew.

And when they threaten violence against global order, I say:

Kill them."

Thomas P.M. Barnett:

Blueprint for Action, Seite 282

Quelle:14

14 http://info.kopp-verlag.de/hintergruende/geostrategie/kopp-exklusiv-us-globalstratege-fordert-toetet-d.html

Soweit der Psychopath Barnett, welcher auch TTIP und CETA gegen den mehrheitlichen Willen der Bevölkerung durchsetzen will.

Er sieht den Menschen als Arbeits- und Konsumroboter, als Verbrauchsgut.<<[6]

[6] Vgl. https://traugott-ickeroth.com/wp-content/uploads/2016/11/Angriff-auf-Deutschland.pdf

VII. **Invasion:**

>>Der endgültige Beweis für eine gezielt gesteuerte Invasion findet sich in einem Kommuniqué der Freimaurerlogen.

So befahl die internationale Freimaurerei, die Grenzen für Einwanderer zu öffnen:

28 Obödienzen, darunter der Großorient von Frankreich, haben eine offizielle Erklärung unterzeichnet und werfen durch diese seltene Offenheit ein erhellendes Licht auf ihre Intention.

Ihr Ziel ist die Untergrabung tragender Elemente wie Vaterland, Muttersprache, (kulturelle) Identität, Volk und Nation.

Quelle:15

Wenn man weiß, daß die Maurerei das ausführende Organ "Auserwählter Kreise" ist – sie wurden ja von jenen gegründet und werden von diesen protegiert und befehligt – wird klar, wer hinter der Invasion steht.

Hinzu kommt, daß die Shriner (A.A.O.N.M.S. - "Alter Arabische Orden der Edlen vom mystischen Schrein", gegr. 1871) den Moslems sehr nahe stehen, nachdem im 7. Jahrhundert letztere etliche Christen in Marokko ermordeten.

Die Moslems tauchten den ehemals weißen Fes in das Blut ermordeter Christen.

Daher wurde der Fes, das Symbol der Schreiner, rot.

Das Kommuniqué der europäischen Großlogen bestätigt die Aussagen von W. Jabotinski (siehe oben), Thomas P. M. Barnett und Coudenhove-Kalergi.

Somit haben wir eindeutig Klarheit über die Initiatoren.

15 http://www.katholisches.info/2015/09/12/die-freimaurer-befehlen-der-eu-grenzen-auf-fuer-immer-mehreinwanderung/

Etliche Großlogen in Europa, darunter der Grand Orient de France gaben zu, daß sie den Befehl erteilt haben, für Einwanderer die Schleusen zu öffnen...

So verwundert es auch nicht, daß bereits 2001 die Freimaurer dominierte UN einen Bevölkerungsaustausch innerhalb der EU, also auch Deutschlands, beschlossen hat.

Im Bericht der „UN Population Division" wird Immigration gefordert.

Selbst wenn zu erwartende Spannungen entstehen, sollen die Widerstände niedergekämpft werden.

Nachzulesen im „Replacement Migration (ST/ESA/SER A./20616)

Offiziell begründet wird dieser Irrsinn mit Wirtschaftswachstum – einer weiteren Idiotie.

Geschäftsführerin Merkel schwadroniert von "Integration".

Aber, wenn der Krieg zu Ende ist, kehren die Flüchtlinge doch wieder heim - oder?

Nein, das werden die wenigsten, denn wozu bitte sollen sie sich dann integrieren?

Integration bedeutet, sie bleiben auf Lebenszeit hier.

Es sind Einwanderer!

So ist es geplant.<<[7]

[7] Vgl. https://traugott-ickeroth.com/wp-content/uploads/2016/11/Angriff-auf-Deutschland.pdf

VIII. Umerziehung:

>>Was aber an der Einwanderungsdebatte stutzig macht ist der Umstand, daß ein demokratischer Dialog nicht nur nicht stattfindet, sondern abgeblockt wird.

Berechtigte Fragen besorgter Menschen werden abgebügelt oder diese werden des Rassismus beschuldigt:

„Nazi!“

Solche Bevormundung durch die „Political Correctness“ ist Diktaturen eigen, welche mit Zensur, Propaganda und der

16 http://www.un.org/esa/population/publications/migration/migration.htm

drastischen Einschränkung von Redefreiheit einhergeht (Meinungsdelikt).

Jene „Uneinsichtigen“, welche ihre eigene Meinung beibehalten werden, sollen in „Umerziehungslager“ konzentriert werden.

Quelle: 17

Faschistischer Gesinnungsterror!<< [8]

[8] Vgl. https://traugott-ickeroth.com/wp-content/uploads/2016/11/Angriff-auf-Deutschland.pdf

IX. Minderheiten:

>>Anzumerken ist, das es NIERGENDWO eine gelungene Integration gibt!

Man kann nicht völlig unterschiedliche Kulturen in einen Mixer geben...

Wenn Araber ihre Kultur hier ausleben, sagen wir mal mit einem Ehrenmord, dann heißt es auf einmal:

Das geht ja garnicht.

Welch Widerspruch.

Erst schreit man nach kultureller Vielfalt, und wenn sie dann da ist, will man sich nicht!

Quelle:18

Zudem:

"Multikulti" ist das Gegenteil von kultureller Vielfalt.

Deutschland und Europa sollen "bunt" werden.

Wer legt das fest?

Haben die Coudenhove-Kalergi nicht gelesen?

Wenn wir aber eine globale Mischrasse haben, ist NICHTS mehr bunt!

Wir brauchen Vielfalt!

Primitive Standardisierung von Kunst, Musik, Kultur und Sprache - globales "Multikulti" - führt nicht zu "bunt", sondern zu einem uniförmigen, vereinheitlichten und unspezifischem Grau und Verlust kultureller Identität(en).

Indianer wie Aborigines wurden zu verfolgten Minderheiten in ihrem eigenen Land.

Weiter:

Wer vier, fünf oder noch mehr Länder durchreist, ist KEIN Kriegsflüchtling, sondern Wirtschaftsflüchtling.

Echte Kriegsflüchtlinge sind dankbar, daß sie in dem ersten friedlichen Land in Sicherheit sind.

Wirtschaftsflüchtlinge wollen Geld.<< [9]

[9] Vgl. https://traugott-ickeroth.com/wp-content/uploads/2016/11/Angriff-auf-Deutschland.pdf

X. Kriminalität:

>>Und das bringt uns zu einem weiteren Thema:

Die kriminellen Aktivitäten der Kulturbereicherer.

Mord,

Quelle:19

Diebstahl, Vergewaltigung, Sachbeschädigung.

Die relativ höchsten Migrantenzahlen hat Schweden - und die höchste Vergewaltigungsrate.

Ein „Nazi“, wer da einen Zusammenhang sieht...

Quelle:20

Im IKEA/Stockholm wurden einer schwedischen Mutter und ihrem Sohn die Köpfe abgeschnitten.

Oh, das sollte geheim bleiben.

Quelle:21

Gleiches beginnt in Deutschland, Berlin:

Quelle:22

Im Falle eines Falles steht die deutsche Bevölkerung schutzlos da, während die Österreicher sich bereits für den Verteidigungsfall vorbereiten.

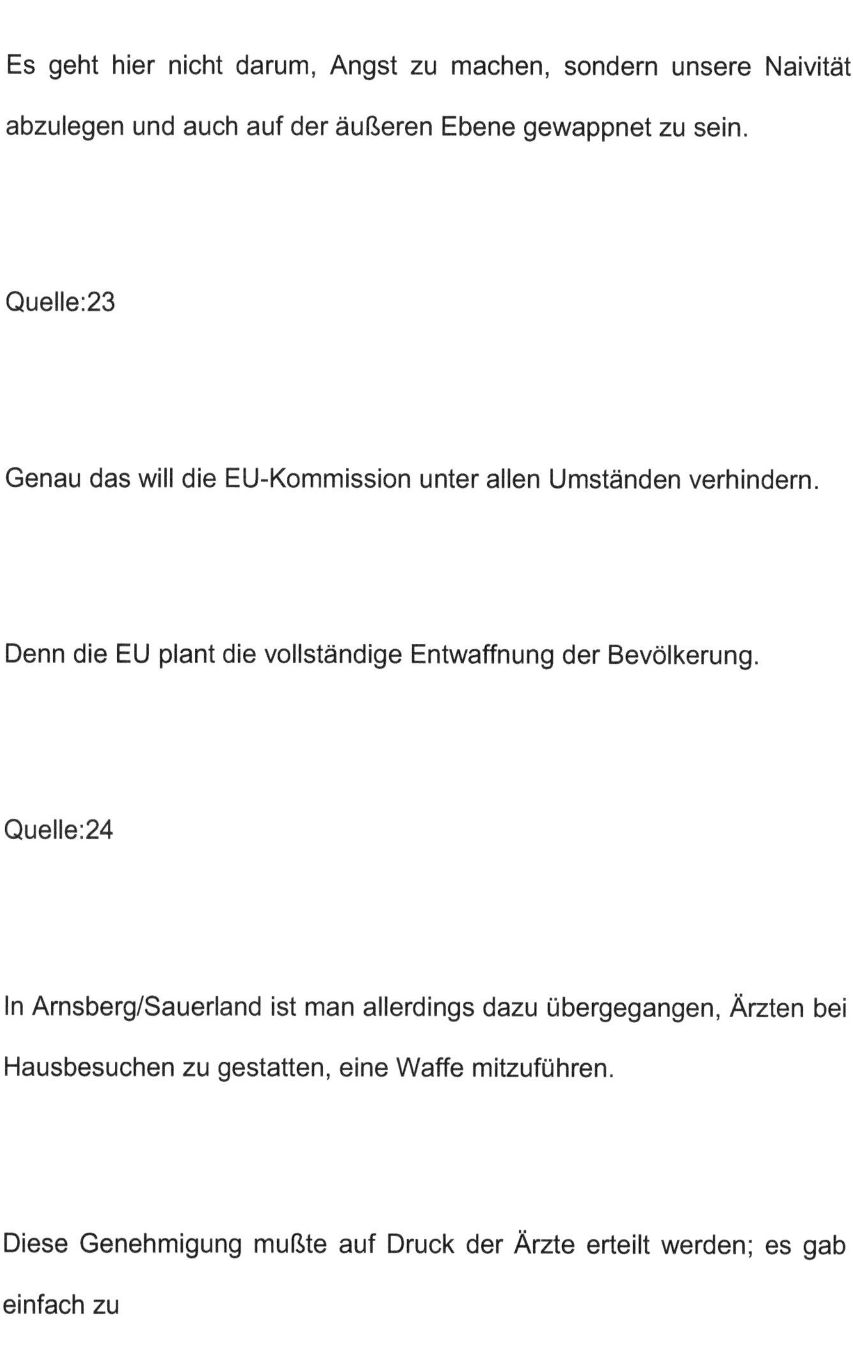

Es geht hier nicht darum, Angst zu machen, sondern unsere Naivität abzulegen und auch auf der äußeren Ebene gewappnet zu sein.

Quelle:23

Genau das will die EU-Kommission unter allen Umständen verhindern.

Denn die EU plant die vollständige Entwaffnung der Bevölkerung.

Quelle:24

In Arnsberg/Sauerland ist man allerdings dazu übergegangen, Ärzten bei Hausbesuchen zu gestatten, eine Waffe mitzuführen.

Diese Genehmigung mußte auf Druck der Ärzte erteilt werden; es gab einfach zu

17 https://medienredaktion.wordpress.com/2013/12/30/eu-plan-umerziehungslager-fur-andersdenkende/

18 https://www.youtube.com/watch?v=DrwVzNkmQhU

19 http://www.focus.de/regional/thueringen/wutha-farnroda-asylbewerber-bei-streit-in-thueringengetoetet_id_5020801.htm

20 http://www.inhr.net/de/artikel/pressesperre-migranten-vergewaltigen-deutsche-m%C3%A4dchen

21 https://nixgut.wordpress.com/2015/08/14/schweden-ikea-doppelmord-schwedin-und-ihr-sohn-von-eritreergekpft/

22 http://www.berliner-zeitung.de/berlin/mutter-von-sechs-kindern-in-kreuzberg-ermordet-ehemannenthauptet-seine-frau,10809148,16293578.html

23 http://www.metropolico.org/2015/10/27/waffenverkaeufe-in-oesterreich-explodieren/

24 http://www.neopresse.com/europa/eu-plant-die-entwaffnung-der-bevoelkerung/

viele Angriffe...

25

Die Frage steht im Raum:

Wie verteidigen sich die Sklaven, welche keine Waffe tragen dürfen?

Wie im Nahen- und Mittleren-Osten, so kämpfen in Deutschland bereits "Facharbeiter" untereinander:

Türken gegen Kurden, Sunniten gegen Schiiten, Salafisten gegen Jesiden, Wahabiten gegen Alawiten, Paschtunen gegen Dschihadisten, Takfiristen gegen Libanesen...

Diverse Turnhallen, Schulen oder Hotels wurden bereits zerlegt.<< [10]

[10] Vgl. https://traugott-ickeroth.com/wp-content/uploads/2016/11/Angriff-auf-Deutschland.pdf

XI. Propaganda:

>>Nein, diese Sachverhalte erscheinen nicht in den Massenmedien, inzwischen reine Propagandainstrumente.

Wer noch die Lügenpresse bezieht, möge sie umgehend abbestellen.

Wie die Firma "GEZ", welche lediglich ein Inkassobüro ohne jegliche hoheitliche Legitimation ist.

Wobei es um wesentlich mehr geht als die Gebühreneinzugszentrale:

Es geht um die Frage, "Will ich weiterhin Sklave sein?"

Die Journalisten der Massenmedien sind gekaufte Schreiberlinge, mit fragwürdigem Charakter, welche sich dem System anbiedern.

Wie das Heer von Günstlingen und Systemdienern innerhalb der sogenannten "Beamtenschaft".

Diese Leute müssen wissen, daß es auch ihnen, spätestens ihren Kindern an den Kragen geht.

Wollen wir hier die Scharia, durch Chemtrails, genmanipulierte Nahrung oder durch Impfungen kranke, kaputte und unterdrückte Menschen?

Wenn der Mohr seine Schuldigkeit getan hat, muß auch er gehen.

Wenn Deutschland zerstört wird, wird auch deren Lebensgrundlage zerstört.<< [11]

---

[11] Vgl. https://traugott-ickeroth.com/wp-content/uploads/2016/11/Angriff-auf-Deutschland.pdf

XII. <u>Rassismus:</u>

>>Jetzt verlangt man eine Trennung in Religionszugehörigkeit und Ethnien.

Sogar in Schwimmbädern.

Mit rassistischen Methoden den Rassismus der Fremden bekämpfen?

Wobei bei der Terminologie "Rassismus" eine semantische Veränderung stattgefunden hat.

Rassismus in seiner originären Form beschreibt lediglich Andersartigkeit.

Nicht deren Bewertung.

Solche sprachlichen Verschiebungen werden von der Propaganda bewußt eingesetzt.

Wobei der Rassismus in erster Linie von der BRDFirma ausgeht.

So werden zunehmend Verkehrsbetriebe angehalten, "Fachkräfte" gratis zu befördern, während der dumme Deutsche zahlen muß.

Ja, er zahlt doppelt, denn die Verkehrsbetriebe lassen sich die Beförderung der Asylforderer vom Steuerzahler zurückvergüten.

Anzunehmen, daß die Schrauben solange angezogen werden müssen, bis auch der letzte Deutsche aufwacht.

25 http://info.kopp-verlag.de/hintergruende/deutschland/udo-ulfkotte/regierungsbezirk-arnsberg-wo-aerztewaffen-tragen.html;jsessionid=BA5BED3075EA15C39E9AA67F57CC20AC

Art. 3 GG; Abs. 3:

"Niemand darf wegen seines Geschlechtes, seiner Abstammung, seiner Rasse, seiner Sprache, seiner Heimat und Herkunft, seines Glaubens, seiner religiösen oder politischen Anschauungen benachteiligt oder bevorzugt werden..."

(Durch Verschiebung des Artikels 23 – Geltungsbereich – in die Präambel hat das GG seine Gültigkeit verloren.

Da man aber so tut, als wäre dem nicht so, tun wir auch so..)

Daher ist es Diskriminierung, wenn Deutsche aus ihren Wohnungen ausziehen müssen, um Einwanderern Platz zu machen.

Und das, angesichts knapp 400.000 obdachlosen Deutschen...

Apropos Wohnungen.

Wieso nehmen die Gutmenschen keine Flüchtlinge bei sich auf?

Wieso stellen wir diesen Herrschaften Schloß Bellevue nicht zur Verfügung, Herr Gauck?

Mögen sie keine Ausländer, oder warum gehen sie nicht mit gutem Beispiel voran?

Gut, die Moscheen sind ebenfalls an Flüchtlingen nicht interessiert.

Quelle:26

Nach über 70 Jahren "Reeducation" - "Zurückbildung" - der Deutschen mit Hilfe der Massenmedien (Bild; von der CIA ins Leben gerufen und finanziert; zur Kontrolle wurde die Pisa-Studie eingeführt...) kann man nur feststellen:

Die Deutschen sind Antideutsch.

Zudem unterliegen sie einem Schuldkomplex; Steiner würde sagen, es wurde eine ätherische Blockade im feinstofflichen Körper und Denken installiert.

Aufgrund der "Meinungsfreiheit" werde ich hier keine chemischen Analysen oder Ingenieursgutachten anführen... und auch nicht über Hologramme schreiben.

26 http://www.idea.de/menschenrechte/detail/vorwurf-moscheen-kuemmern-sich-nicht-um-fluechtlinge91697.html<<[12]

---

[12] Vgl. https://traugott-ickeroth.com/wp-content/uploads/2016/11/Angriff-auf-Deutschland.pdf

XIII. Souverän:

>>Die ehemalige IM-Stasi-Mitarbeiterin "Erika" erdreistete sich doch tatsächlich dem höchsten Souverän zu befehlen, er habe die ausländische Kriminalität zu akzeptieren.

Wie bitte?

Wer es nicht glaubt:

Quelle:27

Der Gutmensch schreit:

"Es gibt auch Deutsche Kriminelle!"

Richtig, und genau deswegen brauchen wir keine weiteren Kriminellen.

Nur am Rande:

Es gab über 1.000 (in Worten: Tausend) Polizeieinsätze alleine in Hamburger Flüchtlingsheimen dieses Jahr.

Stand 15. Oktober 2015.

Quelle:28

“You will kill us, but we will kill you!” und “Tu veux tuer nous, mais nous voulons tuer vous!”

Zeugen berichteten über diese Rufe:

29

Ebenso verhöhnte Merkel den höchsten Souverän bei Jauch, wo sie sich in diktatorischer Manier erdreistete, GEGEN den demokratischen Willen der Bevölkerung zu agieren:

Jauch:

"Würden Sie Europa aufgeben, wenn Sie merken, daß Sie die Menschen nicht von einem europäischen Gedanken in einem gemeinsamen europäischen Haus überzeugen können?"

Merkel:

"Nein.

Auf gar keinen Fall!"

Mit anderen Worten:

Es ist ihr völlig egal, was wir wollen - sie macht gegen unseren Willen weiter.

Quelle:30

IM Erika ist weder unzurechnungsfähig noch dumm.

Sie führt ihren Auftrag auf Anweisung von oben geflissentlich aus.

Wir sollten uns daher erinnern, WIR sind der höchste - und die Betonung liegt auf "höchste" - Souverän.

Und die Volksvertreter haben seinem Willen unbedingt zu entsprechen.

Dafür werden sie bezahlt, hoch bezahlt.

Wenn sie das nicht können oder wollen, sind sie umgehend aus ihrem "Amt" zu entfernen.

Der höchste Souverän braucht sich auch nicht zu erklären.

Warum?

Eben weil er der höchste Souverän ist.

Momentan betrachtet der Firmenvorstand den höchsten Souverän als

27 https://www.youtube.com/watch?v=CVnTpEaGNU0

28 https://daserwachendervalkyrjar.wordpress.com/2015/10/16/eiltso-manipulieren-unsere-medien-artikelund-unsere-meinung-aktueller-fall-mit-bildbeweis-aus-der-welt/

29

http://www.google.de/imgres?imgurl=https%3A%2F%2Fi1.wp.com%2Fm

ichael-

mannheimer.net%2Fwpcontent%2Fuploads%2F2014%2F12%2FAsylant

en-Berlin-Deutsche-toeten.jpg%253Fresize

%253D390%25252C248&imgrefurl=https%3A%2F%2Fmarbec14.wordpr

ess.com %2F2014%2F12%2F02%2Fschwarze-asylanten-brullen-in-

berlin-wir-werden-euch-deutsche-alle-toten

%2F&h=248&w=390&tbnid=MNRA0JAZkGxxcM%3A&docid=58PcDH-

L4-

qmrM&ei=fWwxVtvmLsrgafHIqvAB&tbm=isch&iact=rc&uact=3&dur=148

7&page=1&start=0&ndsp=20&vc

d=0CDAQrQMwBWoVChMIm5nIrbrmyAIVSnAaCh1xpAoe

30 https://www.youtube.com/watch?v=SkNnuEGuVts

sein Personal (Personalausweis), als seine Untertanen.

Darum müssen wir uns besinnen, daß WIR der höchste Souverän sind und niemandes Sklaven!<< [13]

[13] Vgl. https://traugott-ickeroth.com/wp-content/uploads/2016/11/Angriff-auf-Deutschland.pdf

XIV. Knechtschaft:

>>Deutschland, die Heimat vieler Dichter und Denker wird eine wichtige Rolle in der Zukunft spielen.

Zunächst aber müssen wir uns von der angloamerikanischen und zionistischen Knechtschaft befreien.

Das wir deren Vasallen sind, bestätigt einmal mehr der langjährige VS-Präsidenten- und Sicherheitsberater und Sprecher der Rockefellers:

"Deutschland ist ein amerikanisches Protektorat und ein tributpflichtiger Vasallenstaat."

Zbigniew Brzezinski

"Deutschland ist ein besetztes Land und wird es auch bleiben!"

Obama am 5. Juni 2009 beim Besuch auf dem US-Luftwaffenstützpunkt Ramstein<<[14]

[14] Vgl. https://traugott-ickeroth.com/wp-content/uploads/2016/11/Angriff-auf-Deutschland.pdf

XV. Zerschlagung:

>>Warum geht es insbesondere gegen Deutschland?

Zunächst einige Zitate:

"Sie sollten sich darüber im Klaren sein, daß dieser Krieg nicht gegen Hitler oder den Nationalsozialismus geht, sondern gegen die Kraft des Deutschen Volkes, die man für immer zerschlagen will, gleichgültig, ob die Macht in den Händen Hitlers oder eines Jesuitenpaters liegt."

Winston Churchill

"Deutschland muß von außen eingehegt, und von innen durch Zustrom heterogenisiert, quasi verdünnt werden. ...

Deutschland ist ein Problem, weil die Deutschen fleißiger, disziplinierter und begabter als der Rest Europas (und der Welt) sind.

Das wird immer wieder zu 'Ungleichgewichten' führen.

Dem kann aber gegengesteuert werden, indem so viel Geld wie nur möglich aus Deutschland herausgeleitet wird.

Es ist vollkommen egal wofür, es kann auch radikal verschwendet werden – Hauptsache, die Deutschen haben es nicht.

Schon ist die Welt gerettet."

Joschka Fischer, Bündnis90/Die Grünen

“Es geht nicht um Recht oder Unrecht in der Einwanderungsdebatte, uns geht es zuerst um die Zurückdrängung des deutschen Bevölkerungsanteils in diesem Land....

Deutschland verschwindet jeden Tag immer mehr, und das finde ich einfach großartig.“

Jürgen Trittin, Bündnis90/Die Grünen;

Frankfurter Allgemeine Sonntagszeitung vom 02.01.2005

Es verwundert, daß Deutsche, welche hier geboren und energetisch verwurzelt sind, hier Arbeit und Wohlstand gefunden und sich eine Existenz aufgebaut haben, vom Steuerzahler oder besser von Spenden fürstlich leben, von dem Willen beseelt sind, ihr eigenes Land zu vernichten.

Ich mag nun keine Psychoanalyse hier machen, aber wie krank muß man sein, solche Aussagen zu tätigen?<< [15]

[15] Vgl. https://traugott-ickeroth.com/wp-content/uploads/2016/11/Angriff-auf-Deutschland.pdf

XVI. <u>Pläne:</u>

>>Was aber tritt an die Stelle von Deutschland?

Zunächst sogenannte "No-Go-Areas", Gebiete, in denen so gut wie keine Deutschen mehr wohnen und auch die Polizei sich nicht mehr rein traut.

In Frankreich sind die Islamisten schon weiter.

Dort haben sich bereits einige islamische Mini-Staaten gebildet, in welchen die Scharia herrscht, wie z.B. Nordmarseille oder Roubaix.

Auch Birmingham gehört nur noch auf dem Papier zu England...

Quelle:31

Gesunde, kräftige und sich gegenseitig unterstützende souveräne Nationalstaaten sind eines der wirksamsten Instrumente, eine die gesamte Menschheit versklavende Neue Weltordnung zu verhindern.

Es geht um die Vernichtung der kulturellen Identität, letztlich um die Auslöschung der nordischen Genetik.

Es ist ein Rassenkampf, ein Kampf im Universum zwischen reptiloid und nordisch, was sich auf unserem Planeten spiegelt.

Das mag für einige noch weit hergeholt erscheinen, doch im Grunde manifestieren sich die kosmischen Kämpfe auf der Erde nur wieder.

Es ist ein Rassenkrieg.

Quelle:32<<[16]

---

[16] Vgl. https://traugott-ickeroth.com/wp-content/uploads/2016/11/Angriff-auf-Deutschland.pdf

XVII. Aufruf:

>>Was ist zu tun?

Wir erleben z. Zt., wie die Kräfte zersplittert werden:

Einige engagieren sich gegen Chemtrails, andere gegen HAARP, TITIP, Impfungen, für freie Energie, Freigeld oder für naturbelassene Nahrung.

Wenn wir eine Regierung hätten, welche tatsächlich die Interessen der Deutschen vertreten würde, könnten all diese Probleme schnell und effizient behoben werden, einfach durch Regierungserlaß.

So haben z.B. etliche Länder wie Ungarn oder Mexiko Monsanto rausgeschmissen.

Ziel muß es also sein, das BRD-Regime zu entmachten, was durch den Artikel 19 GG; Abs. 4 vollumfänglich gedeckt, ja sogar gefordert wird:

"Gegen jeden, der es unternimmt, diese Ordnung zu beseitigen, haben alle Deutschen das Recht zum Widerstand, wenn andere Abhilfe nicht möglich ist."

Deutschland muß wieder ein souveräner Staat werden, mit eigener Verfassung und eigener Regierung.

Daher sollten die Verfassungsinitiativen unterstützt werden.

Der EU-Faschismus wird mit aller Macht und eventuell Gewalt dies zu verhindern trachten.

Auf sich alleine gestellt wird es für Deutschland sehr schwierig, einen Status wie der der Schweiz zu erlangen:

souverän und neutral.

Das wäre eine optimale, aber nicht einfache Lösung.<< [17]

[17] Vgl. https://traugott-ickeroth.com/wp-content/uploads/2016/11/Angriff-auf-Deutschland.pdf

XVIII. Unterstützung:

>>Daher brauchen wir Unterstützung, welche von Russland gewährt werden kann und - aus meiner Sicht - auch gewährt werden wird.

Russland ist trotz aller gesäten Zwietracht in der Vergangenheit und auch Gegenwart ("Wer stoppt Putin?") Deutschland positiv zugewandt.

Ich weiß, es gibt einige Punkte, welche mahnen, Russland und Putin mit Vorsicht zu genießen.

Putin ist Ex-KGB-Agent, Freimaurer (1993 in den Royal Arch initiiert)

33

und Shapeshifter

(Quelle:34),

seine Familie litt auch unter dem Angriff der deutschen Wehrmacht auf Leningrad, aber er scheint mit moderaten Reptilien und Nordischen in Verbindung zu stehen.

Quelle:35

“An ihren Früchten sollt ihr sie erkennen...”

Beurteilen wir also Putin an seinen Früchten...

Wenn sich die Deutschen mehrheitlich für ein Bündnis mit Russland entscheiden, fällt der Rest Europas auseinander bzw. schlägt sich ebenfalls auf die Seite

31 http://mohammed.freehostyou.com/soerenkern/#no_go_zonen_frankreich

32 https://www.youtube.com/watch?v=L15hXk5STK4

33 http://new.euro-med.dk/20140320-ist-putin-immer-noch-freimaurer.php

34 https://www.youtube.com/watch?v=Cd1xPZU7-4k

35 http://bewusstseinsreise.net/putins-allianz-mit-den-ausserirdischen/

Moskaus.

Genau dies ist die größte Sorge des derzeitigen Hegemons und seiner Herren in Tel Aviv.

Daher bestätigte ja George Friedmann, Chef des Think-Tanks '"Stratfor" auch, daß es seit über [h]undert Jahren oberstes Ziel der VSA sei, die Achse Deutschland - Russland zu unterbinden.

(Quelle:36)<< [18]

[18] Vgl. https://traugott-ickeroth.com/wp-content/uploads/2016/11/Angriff-auf-Deutschland.pdf

XIX. Deutschland:

>>Und dies ist der wunde Punkt der Kabale.

Deutschland ist das Zünglein an der Waage.

Wer weiß, was die Stunde geschlagen hat, muß aktiv werden, denn jetzt geht es in Deutschland wie global in die kritische Phase.

Jeder kann da tätig werden, wo er steht.

Jetzt gilt es, solidarisch zu handeln und sich zusammenzuschließen!

Die Deutschen sollten sich wieder auf ihre Tugenden besinnen und erkennen, es kann nur gemeinsam gelingen, die Invasion abzuwehren.

Wir habe[n] momentan nicht die exekutive Macht, aber geistige Fähigkeiten.<< [19]

[19] Vgl. https://traugott-ickeroth.com/wp-content/uploads/2016/11/Angriff-auf-Deutschland.pdf

XX. Lösung:

>>Und hier liegt auch die Lösung.

Die Schlacht muß auf der feinstofflichen Ebene geschlagen werden; Simon Parkes erläutert eine im geistigen gewonnenen Schlacht a[m] Beispiel CERN:

„From Heart to Heart":

37

Möge der derzeitige Angriff auf Deutschland die Deutschen zum Aufwachen nötigen.

Es ist höchste Zeit.

Wer im „Deutschen Herbst“ schläft, wird im „Arabischen Frühling aufwachen.“

Wobei es tatsächlich um wesentlich mehr geht, als um die Verhältnisse in Deutschland:

Es geht letztlich um die Befreiung der Menschheit als Ganzes.

Nach Analyse der Gesamtsituation auf unserem Planeten ist folgender Schluß zwingend:

Deutschland muß hierbei die Vorreiterrolle übernehmen.

Warum?

Weil Deutschland das größte Potential dazu hat.

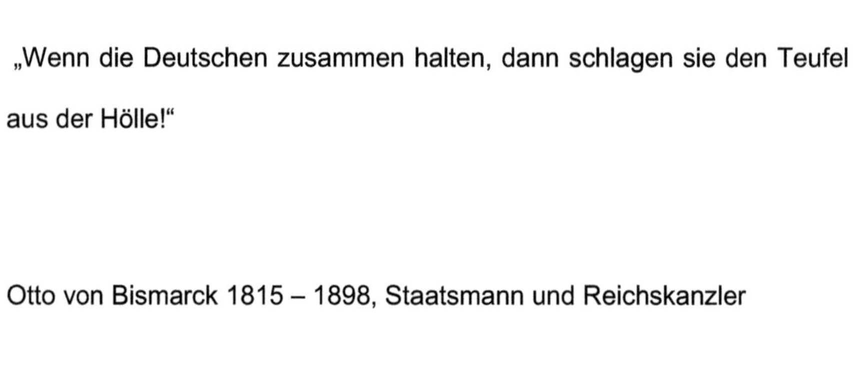

„Wenn die Deutschen zusammen halten, dann schlagen sie den Teufel aus der Hölle!“

Otto von Bismarck 1815 – 1898, Staatsmann und Reichskanzler

36 https://www.youtube.com/watch?v=gcj8xN2UDKc

37 https://www.youtube.com/watch?v=MjLKjn2AVwY<<[20]

[20] Vgl. https://traugott-ickeroth.com/wp-content/uploads/2016/11/Angriff-auf-Deutschland.pdf

Printed by Books on Demand GmbH, Norderstedt / Germany